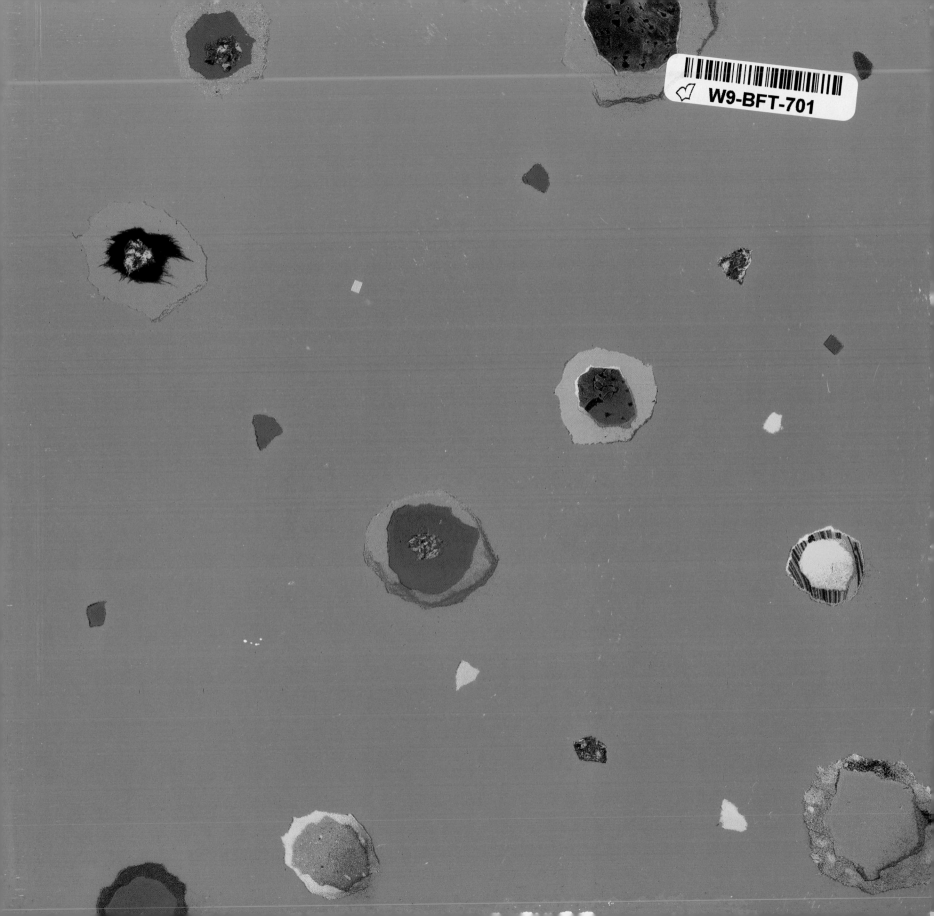

Al Dr. Robert Wilkinson, quien es generalmente melódico y a mi hermosa mujer.

Tus huesos se basa en una canción popular afroamericana. Hace aproximadamente 200 años se cantaba en las iglesias y congregaciones religiosas. Su ritmo refleja una gran influencia musical africana por su sentido del humor y su estructura. Se ha transmitido durante generaciones por tradición oral y, desde luego se conocen diferentes versiones.
Actualmente es un medio para enseñar anatomía, lengua y ritmo en la casa y la escuela.

Título original: *Dem Bones*

Textos e ilustraciones D.R. © 1996 por Bob Barner
Diseño de Cathleen O'Brien
Las ilustraciones de este libro se elaboraron con recortes de papel de todas partes del mundo.

Primera edición en español, 2005
D.R. © SM de Ediciones, S.A. de C.V., 2005
Magdalena 211, Del Valle,
México D.F., 03100
www.ediciones-sm.com.mx
Tel: (55) 1087 8400

ISBN: 970-688-581-1

Miembro de la Cámara Nacional de la Industria Editorial Mexicana. Registro número 2830

Dirección editorial: Patricia López Zepeda
Coordinación editorial: Rayo Ramírez Álvarez
Traducción del inglés: Rayo Ramírez y Mónica Aguilar
Edición: Rodolfo Fonseca

Impreso y encuadernado en México.

Tus huesos

sm
saber

A través de
de tus huesos vamos a pasear,

HUESO DEL PIE

Los 22 huesos del pie son la base de nuestro cuerpo pues sostienen todo nuestro peso. El arco es como una esponja que absorbe los golpes; así podemos caminar, correr o saltar sin dolor.

siente el hueso de tu pie para comenzar.

HUESO DEL TOBILLO

Si no tuviéramos huesos en el tobillo no podríamos levantar los pies al caminar. Al girarlo podemos flexionar, subir escaleras, correr o bailar.

Sigue el hueso del tobillo que a dos huesos se une,

son los huesos de la pierna que de la pantorrilla suben.

HUESO DE LA PIERNA

La pierna tiene dos huesos, uno se llama tibia y el otro peroné. El peroné es el más delgado y llega cerca del dedo meñique. La tibia está al frente, es la que nos duele si nos patean la espinilla.

Ahora el hueso

de tu rodilla

HUESO DE LA RODILLA

El hueso de la rodilla o rótula cubre y protege una articulación que es la unión de dos huesos que parecen la bisagra de una puerta. Como se puede doblar hacia atrás y hacia delante, podemos patear, saltar, agacharnos y bailar.

que puedes doblar para atrás o para adelante.

HUESO DEL MUSLO

El muslo o fémur es el hueso más largo y pesado de nuestro cuerpo. Está unido a la pelvis por una articulación o conexión.

Y que se une al hueso del muslo o fémur,

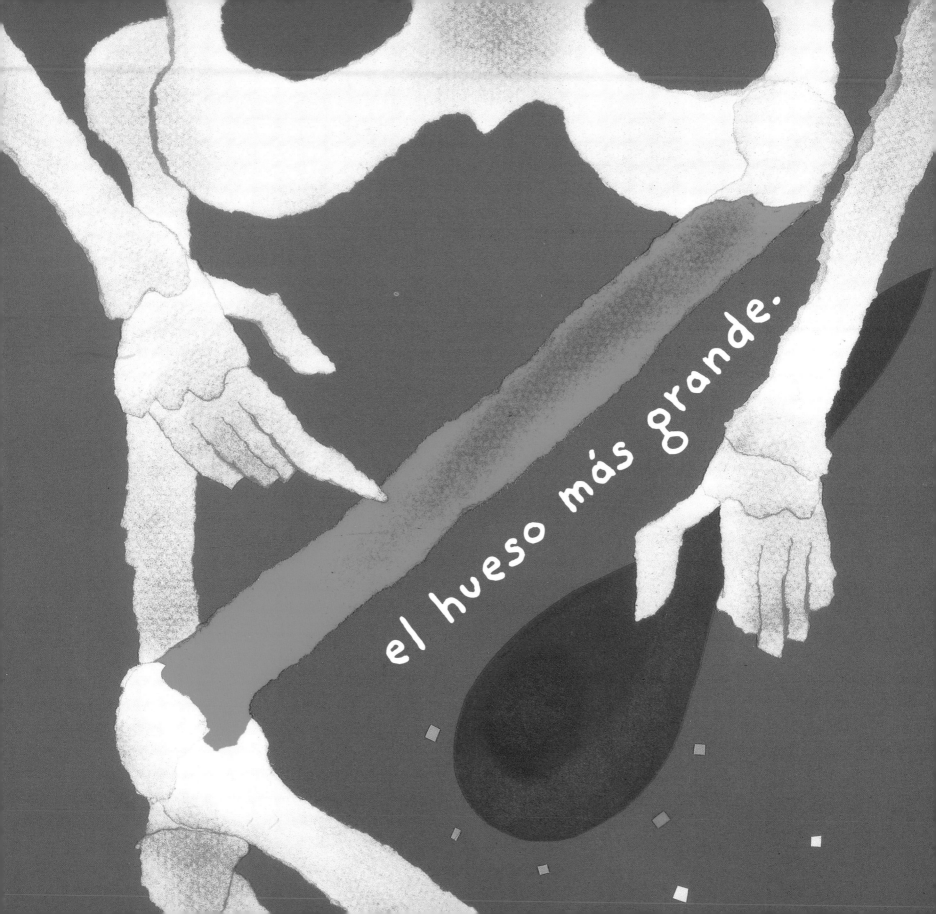

el hueso más grande.

HUESO DE LA CADERA

La cadera o pelvis tiene seis huesos y algunas conexiones o articulaciones que los sostienen. La pelvis es diferente en mujeres y hombres; en las mujeres es más ancha, pero pesa menos.

Sigue el hueso de
la cadera, que con
otro hueso se une:

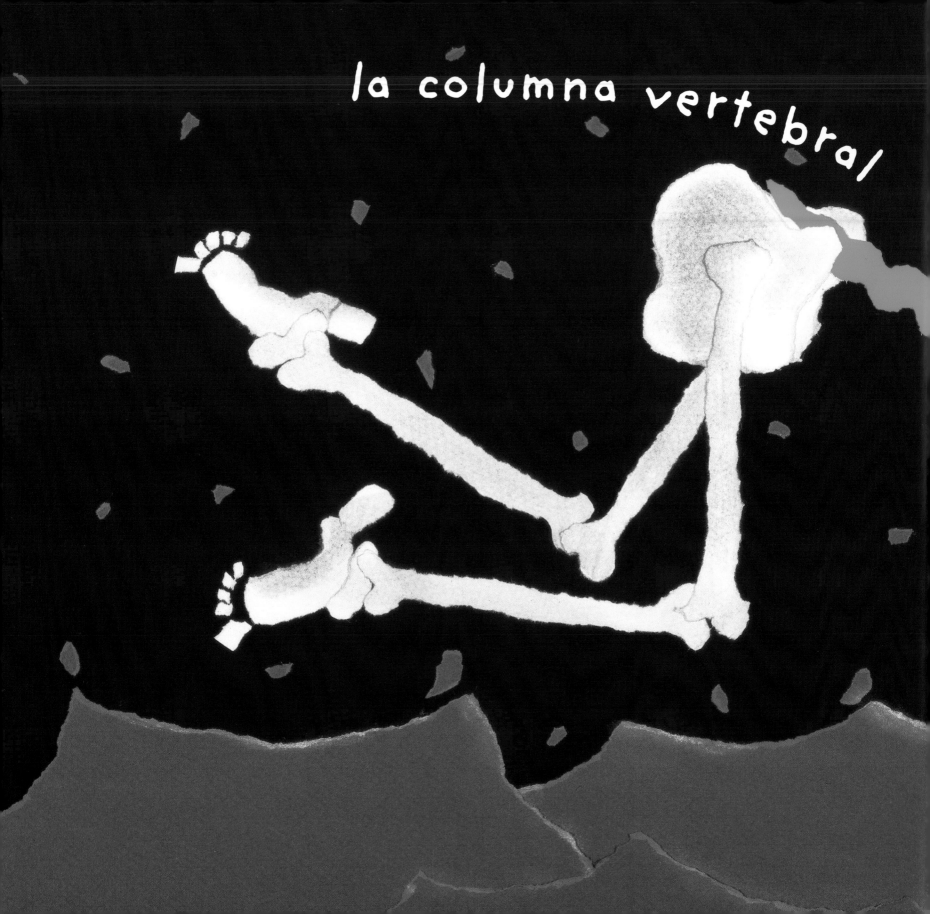

HUESO DE LA ESPALDA

Gracias a los huesos de la espalda o columna vertebral podemos estar de pie. En total son 24 vértebras que protegen tu espina dorsal. Los últimos 4 huesos forman el coxis ¡que parecen una cola o rabo!

que por tu espalda sube.

HUESOS DEL HOMBRO

El hombro tiene tres huesos: la clavícula, la escápula y el
húmero. Es la parte del cuerpo que más niños se rompen.
El húmero es una articulación o coyuntura que nos ayuda a
mover nuestros brazos.

Ahí los huesos de tus hombros

HUESO DEL CUELLO

El hueso del cuello es la continuación de tu
espalda o espina dorsal. Tiene siete
vértebras cervicales que nos
ayudan a decir sí y no, a
voltear y a menear la
cabeza al ritmo
de la música.

y se unen con
los huesos del cuello

HUESO DE LA CABEZA

La cabeza o cráneo es como una caja con vida, formada por veintinueve huesos. Cuando nacemos mide casi la mitad de su tamaño final y crece muy rápido durante el primer año de nuestra vida. Gracias al cráneo podemos pararnos de cabeza sin dañar el cerebro.

que sostienen

tu cráneo.

A través de tus huesos, por tu cuerpo vamos a pasear, huesos de todos tamaños, huesos para bailar.

Huesos para arriba, huesos para abajo, de los pies a la cabeza, huesos por todos los lados, que nos mueven con destreza.

Algunos de tus huesos

10

9

11

14

19

1. Cráneo
   (hueso de cabeza)
2. Vértebra del cuello
   (hueso del cuello)
3. Clavícula
4. Escápula
5. Esternón
6. Costillas
7. Vértebra lumbar
8. Húmero
9. Cúbito
10. Radio
11. Falanges
    (huesos de los
    dedos)

12. Pelvis (hueso de cadera)
13. Fémur
    (hueso del muslo)
14. Rótula
    (hueso de rodilla)
15. Tibia (hueso de pierna)
16. Peroné
    (hueso de pierna)
17. Tarsos
    (hueso del tobillo)
18. Metatarso
    (hueso del pie)
19. Falanges (huesos de
    los dedos del pie)
20. Coxis

Nacemos con
450 huesos, pero al
ser adultos tenemos
solamente 206. Esto es porque
uchos, como los que tienes en el
ráneo, se van uniendo con el
npo. Esta lista incluye algunos de
tus 206 huesos.

15

16

19

17

18

Tus Huesos
se terminó de imprimir en marzo de 2005,
en Gráficas Monte Albán, S.A. de C.V., Fraccionamiento
Agroindustrial La Cruz, El Marqués, 76240, Qro. En su composición
se emplearon los tipos Frutiger roman, italic, bold,
y ultra Black; Providence Sans y Sans bold.